CREA TU BLOG Y HAZLO TRIUNFAR

15 artículos que te ayudarán a crear un blog de éxito

Rafa Osuna

ÍNDICE

¿Qué vas a encontrar en este libro?

¿Estás pensando en empezar a escribir en un blog o ya tienes uno pero no tienes claro qué hacer con él? En ese caso, este libro es para ti.

¿Qué es lo que vas a encontrar en este libro? Pues… mejor, ¿qué te parece si empiezo diciéndote lo que **no** te vas a encontrar?

En este libro no vas a encontrarte con filosofía barata sobre los blogs. De esa que te intentan vender personas que nunca han triunfado con un blog.

En este libro no vas a encontrar un curso sobre cómo poner en marcha un blog a nivel técnico. Hoy en día, las plataformas de creación de blogs son tan intuitivas y fáciles de usar que no merece la pena perder el tiempo leyendo un libro para eso. Si es lo que buscas, te recomiendo alguno de los muchos tutoriales sobre el tema que hay, por ejemplo, en Youtube.

Tampoco vas a encontrar en este libro fórmulas mágicas para hacerte millonario con tu blog en dos semanas. Hazme caso, si alguien te ofrece algo así, huye inmediatamente de él.

Lo que vas a encontrar en este libro es un pequeño resumen de lo que he escrito en mi blog personal (El Último Blog) a lo largo de los último 10 años.

10 años en los que no sólo he mantenido mi blog sino que he dirigido una red de blogs con más de 50 redactores, he participado en blogs colaborativos, he dado conferencias y cursos sobre blogs, he participado en varios libros…

Lo que he querido ofrecerte en este libro, como resumen de estos 10 años de blogging, es una selección de 15 artículos que creo que reflejan, de manera clara y concisa, todo lo que necesitas para triunfar con tu blog.

Son 15 artículos que he seleccionado de los más de 2000 que he publicado en estos años. Artículos que he retocado para su publicación en este libro, de manera que, manteniendo la frescura de un post, tuviesen un cierto nexo de unión entre unos y otros. De esta manera, espero haber conseguido que con unas lecturas rápidas, propias de los posts de un blog, te hagas una idea de todo lo principal que necesitas para **escribir un blog y triunfar con él.**

Así, en estos artículos trato desde temas básicos como los motivos para animarte a empezar tu propio blog, hasta otros más específicos como la importancia del título o las imágenes en los posts, pasando por algunos *truquillos* para conseguir tráfico en tu blog sin escribir nada nuevo, o respuestas a preguntas como *"¿debo escribir en mi blog en vacaciones o fines de semana?"* o *"¿cómo puedo hacer para escribir en el blog cuando no se me ocurre nada?"*

Vamos, que he intentado tocar todo lo fundamental, todo lo que necesitas si estás empezando con tu blog o quieres darle un impulso, pero a base de artículos cortos, fáciles de leer e, incluso, con cierto toque de humor en algunos casos.

Espero haber conseguido mi objetivo. Si es así, quiero que me lo hagas saber o, mejor, que me cuentes cómo te he ayudado con tu blog. Enséñame tu blog. Estaré encantado de leerlo.

¿Qué es un blog personal?

Imagen: alamodestuff

Hay una pregunta que me hacen muchas veces: *"¿De qué va tu blog?"*. Supongo que el que le hace espera una respuesta sencilla, del tipo *"va sobre cine"*, o *"es un blog sobre política"*, o algo así. Vamos, una respuesta que no deje espacio para la duda. Sin embargo, yo no puedo responder nada así. Suelo decir *"es un blog personal"* y tendríais que ver la cara de gilipollas que se le queda a algunos ante esa respuesta.

Un blog personal. ¿Y eso que es?. Algunos suelen asentir con la cabeza, intentando no quedar en ridículo al reconocer su ignorancia. Otros dicen *"¿Un blog personal?, ¡Ah, sí, claro!"* y cambian rápidamente de tema. Los que yo llamo *listillos* suelen confundirlo con un diario donde cuento todas mis intimidades (incluyendo las más escatológicas). Y luego están los sinceros. Los que no tienen nada claro eso del *blog personal* (al fin y al cabo, ¿cómo voy a saber yo si me interesa seguir un blog si sólo sé de él que es *personal?*). Estos últimos suelen preguntarme: *"Y, entonces, ¿de qué escribes en tu blog?"*. **Y ahí es donde me pillan.**

Y es que, es muy difícil explicar sobre qué escribo en mi blog cuando un día pongo un vídeo idiota, otro día doy mi opinión sobre el gobierno y otro día te hago una comparativa sobre las últimas redes sociales.

Sinceramente, cuando me hacen esa pregunta (*"¿de qué escribes en tu blog?"*), siento que tendría que haberme estudiado alguna respuesta para esos casos porque en ese momento no me sale más que el típico *"un poco de todo"*, o *"no sé, échale un vistazo tú mismo"*.

Efectivamente, un **blog personal es muy difícil de definir**. Al tratarse de eso, de algo *personal*, cada blog de este tipo es distinto. Depende de la persona que escriba en él. Pero es que, incluso, depende del día. Es un blog sin ataduras temáticas y, por lo tanto, un día puede ser un blog de humor y al día siguiente un blog de protesta. Un día puedes escribir sobre qué es un blog personal y al día siguiente sobre lo buena que está Charlize Theron (que lo está).

Vamos, que **un blog personal es un blog que escribe una persona y en el que escribe lo que le da la gana**. Así de sencillo. Sin más.

Entiendo que **para los lectores es más incómodo seguir un blog personal que uno temático**. Si a mí me gusta el cine y sigo un blog de cine, sé que lo que voy a leer tiene que ver con mi hobby. Pero si sigo un blog personal no sé si lo que voy a leer me va a interesar o no.

Sin embargo, **para un blogger, un blog personal es lo mejor que le puede ocurrir**. Es un lugar en el que puedes hacer lo que quieras. Puedes escribir o no, puedes poner vídeos o no, puedes hacer crítica o no, puedes ser mordaz o no… Y así cada vez que decidas actualizar el blog. ¡Una maravilla, oigan!

Por eso, yo que he escrito en algunos blogs temáticos, tengo que decir que mi corazoncito está y estará siempre en este blog. En este blog personal que gustará unos días más que otros, que habrá personas que no entiendan o, incluso, que les parezca una chorrada. Pero es mi blog. El mío. El que hago a mi manera. Sin que nadie ni nada me condicione.

Y me encanta.

Y, tú, ¿no tienes un blog personal? Pues te lo recomiendo.

¿Por qué deberías crear tu propio blog?

¿Todavía no tienes un blog propio?. ¿Por qué?.

De vez en cuando me encuentro con personas que me preguntan si deberían empezar a escribir en un blog propio. Personas que no lo han hecho nunca antes. Mi respuesta es siempre la misma: **"Sí"**.

No lo dudo. Si no tienes un blog, deberías crearlo ya. ¿Y por qué soy así de categórico?. Pues porque crear y mantener un blog te proporciona una gran cantidad de ventajas. Además, a no ser que desde el primer momento empieces a preocuparte por cosas como cumplir una cierta periodicidad en las publicaciones o el tráfico que recibes (algo que no te recomiendo en absoluto), no te debería generar ningún problema.

Por lo tanto, si el blog te proporciona ventajas y no te genera ningún problema, **¿por qué no intentarlo desde ahora mismo?**.

Y, os preguntaréis muchos, *¿cuáles son esas ventajas que me da el tener un blog?. ¿Por qué tengo que empezar a escribir en mi propio blog?*. Pues bien, <u>he lanzado la pregunta en Twitter</u> y estas son las respuestas que he obtenido (muchas gracias a todos):

7

Rafa Osuna
@RafaOsuna

Para un post que estoy escribiendo. Os doy 5 minutos para decirme razones por las cuales una persona debería abrise un blog. Gracias.

- @bloguismo_es: *para compartir sus conocimientos con el mundo sobre una materia concreta :)*
- @ascliment4: *No llevarse al otro mundo todo lo q sabe, compartir*
- @EduHdez: *para expresar sus opiniones al mundo? Porque quiere ser escuchado? Porque quiere "hacerse eFamous"?*
- @guarroman: *yo lo digo siempre, la condición indispensable es que tenga algo que contar, y si encima aporta algo mejor que mejor*
- @fmlopez48: *para compartir sus conocimientos, para expresar sus ideas, sus sentimientos, para opinar sobre un tema, para vaciarse por dentro*
- @Tauron32: *para despotricar de @edans*
- @Stsebas: *un ejercicio de comunicación saludable. Productor y difusor de información y contenidos.*
- @Milhaud: *porque tiene algo que compartir, ya sean pensamientos, escritos, reflexiones, conocimiento...*
- @GoRhY: *aburrimiento, gusta escribir, querer ser leído, querer decir lo que te apetezca, querer informar sobre algo..*
- @YolandaMo: *Para que no mueran los bloggers.*
- @chicageek: *pq es divertido, pq aprendes, pq si lo abres sobre un tema que te apasiona disfrutas escribiendo y compartiendo gustos :)*
- @Remo_: *Por ahorro, si escribe no gasta dinero en otro sitio :D :D*
- @gualloby: *Simplemente por poder desahogarte, escribir o decir lo que te de la gana con el "anonimato", de la red*
- @Alejandroperez: *Para no tener que pagar el psicólogo en meses o años :-D*
- @astracan: *por el placer de compartir*
- @x__friko: *un rincón para expresarse y darse a conocer...*

- @360gradospress: *Para que no te dejen comentarios y te digan que si eres blogger los blogs han muerto en detrimento del microblogging :-)*
- @dayer: *a) de lo escrito queda constancia; b) compartir loquequiera con quienquieraverlo; c) porque le guste escribir; d) desahogo xD*
- @abelsutilo: *otra idea: si abres un blog de un tema que te interesa, conocerás a más gente especializada del tema que te interesa :)*
- @guialloby: *y porque acabas encontrado gente que piensa igual que tu y eso reconforta :D*
- @mig_garcia: *Por compartir conocimiento, por emprender, por hobby, por trabajo, alimentar tu ego y por ser mas barato que montar un periódico*
- @aguayaberlin: *ejercer la libertad de expresión!!*
- @wishu: *es una via de escape de tus cabreos, puedes dar opinión a noticias que encuentres, te puedes crear una marca personal en internet que te puede abrir puertas a nuevos trabajos inesperados, etc.*
- @CitaxCita: *Como vía de expresión, para hablar de lo que quieras, para adiestrarte en la escritura y en el conocimiento del mundo blogger...*
- @manuelcernuda: *la fundamental, para leerlo él mismo dentro de unos años y recuerde lo que pensaba ahora y como ha cambiado/mejorado/empeorado :)*
- @_miki: *por que así Ramon Rey te comentará fijo*
- @laurajunquera: *razones blog, psicoterapéutico ¿obliga a ordenar las ideas?*
- @taberda: *Para aprender*
- @PabloHerreros: *Te ayuda a aprender, a conocer gente valiosa, te da visibilidad que se transforma en tu motor comercial (empresarial o personal)*

Además, me gustaría que vosotros, pensaseis si se os ocurren otros motivos para abrir un blog. O motivos por los que no hacerlo.

Tu mejor currículum es tu blog

Alucino cuando sigo viendo por ahí que algunos gurús de esos que te dan todo tipo de consejos para que encuentres trabajo le dedican mucho tiempo a decirte cómo tienes que crear tu currículum vitae (el tradicional, el de toda la vida, con su fotico en la que sales con corbata y todo) y pasan olímpicamente de contarte que **donde tienes que demostrar lo que vales es en tu blog**.

Y es que, si eres bueno en el estudio del delfín de hocico blanco (sé que muchos lectores de este blog lo sois), no me sirve de nada que me muestres un pedazo de papel en el que me pones una lista de los cursos que has hecho sobre delfines y me relaciones los tres delfinarios en los que has hecho prácticas en los últimos veranos. Y, por supuesto, no se te olvide poner que tienes carnet de conducir y conocimiento de *inglés nivel intermedio*.

¡No, no y no!. Me basta con que me pases una url. La url correspondiente a tu blog sobre el delfín de hocico blanco. Porque será ahí donde habrás demostrado lo que sabes, lo que has investigado, lo que te apasiona, lo que quieres llegar a aprender…

En serio, si quieres encontrar trabajo en aquello de lo que sabes y te gusta, no pierdas más tiempo en cursos de mierda que te enseñan a diseñar tu CV y dedícalo a tu blog.

He creado un nuevo blog, ¿qué hago ahora?

Imagen: <u>Annie Mole</u>

Una cuestión que me plantean con bastante frecuencia es **qué hay que hacer una vez que has creado un blog para empezar a tener lectores**. Pues bien, para no tener que responder siempre lo mismo, voy a dejarlo aquí por escrito y así tendré un post al que redireccionar esas preguntas en el futuro.

Aquí os dejo las principales cuestiones a tener en cuenta:

1. **No te obsesiones con el tráfico en los primeros meses**. Sé que es duro, pero es muy normal que en esos primeros meses el número de lectores no cubra tus expectativas. No tires la toalla. Esta es una carrera de fondo. Si sigues lo que se indica en los siguientes puntos, al final verás crecer el tráfico hacia tu blog.

2. **No des a conocer tu blog hasta que no tenga un número de posts significativo**. Te recomiendo que escribas entre 7 y 10 posts antes de

anunciar el lanzamiento del blog. De esa manera, cuando entre la gente por primera vez podrá hacerse una idea de lo que va a encontrar en el futuro y decidirá si va a volver a pasarse (o va a suscribirse). Cuando alguien me ha recomendado su blog y sólo he visto en él un post (normalmente, anunciando el nacimiento de la bitácora o, simplemente, un *"Hello World"*), os puedo asegurar que se me han quitado las ganas de darle una segunda oportunidad.

3. Algo obvio: **crea contenido interesante**. Si buscas fidelizar a tus lectores, tendrás que darles algo que no vayan a encontrar en otro sitio. Si les ofreces contenido copiado de otras webs o, simplemente, sin interés, lo más normal es que no atraigas tráfico hacia tu blog. Tienes que ser muy sincero contigo mismo y hacerte la siguiente pregunta: *"¿A mí me interesaría leer este post si no lo hubiese escrito yo?"*. Si la respuesta es no, algo está fallando.

4. **Enlaza a otros blogs de la misma temática que el tuyo**. Puedes poner estos enlaces en tu blogroll o dentro de los posts cuando hagas referencia a algo que hayas visto en esos blogs (a mí me gusta más esta segunda opción). No debes ver a otros blogs como una *competencia a batir* sino como unos aliados. No dudes que si tú enlazas, muchos de ellos te enlazarán antes o después. Pero, si no lo hacen, no te vayas a cabrear. No se trata de un intercambio de enlaces.

5. **Optimización SEO**. Este es un campo tan amplio que no voy a desarrollarlo aquí. Busca por la Red y verás muchísimos consejos para que tu blog se posicione mejor en los resultados de búsqueda. Tienes que tener en cuenta que si no apareces en los buscadores estarás perdiendo una gran cantidad de tráfico potencial.

6. Cuando hayas realizado todo lo anterior, **empieza a dar a conocer tu blog**. Puedes hacerlo en los comentarios de otros blogs siempre que venga a cuento, mandando correos a otros bloggers amigos, o podrías incluso hacerlo por medio de una campaña de Adwords o Facebook ads, si no te importa invertir un poco de dinero en este punto. Eso sí, evita el spam. No vayas comentando por ahí que tienes un blog sin ton ni son. Lo peor que puedes hacer es que la gente te vea como un spammer. Es algo que no sólo le

perjudica a tu blog sino también a ti personalmente porque te deja una imagen muy negativa.

Estos son los consejos que suelo dar yo (más alguno individualizado según el caso). **¿Se os ocurre alguno más?**

Tu blog no es el mejor. Pero eso es bueno

Últimamente me he encontrado con varias **personas que tienen ganas de abrir un blog**, saben sobre qué les gustaría escribir (sobre aquello que les apasiona, o de lo que tienen más conocimientos), tienen tiempo, se han dado cuenta que no necesitan grandes conocimientos técnicos para poner el marcha el WordPress… **pero no se lanzan**. No terminan de crear el blog.

Si tienen ganas, tiempo, y saben sobre qué van a escribir, ¿por qué no se animan? Pues la mayoría de las veces es **por miedo**.

> *Porque ya hay otros blogs sobre lo mismo y no creo que el mío vaya a llegar a ese nivel. Comparado con esos, mi blog no tendría ningún interés.*

Y es algo que me parece **un gran error**. Tu blog no tiene que ser el mejor de su temática. Es más, te puedo asegurar que en el 99.9 % de las ocasiones no lo va a ser. Los blogs que llevan más tiempo tienen una ventaja sobre el tuyo: la experiencia. Ya han detectado qué interesa y qué no. Han jugado con distintos tipos de contenidos y han visto cuál se adapta mejor a cada tipo de público, han aprendido cuáles son los mejores días y las mejores horas para publicar…

Sin embargo, no lo dudes, con el tiempo tú también llegarás a saber todo eso.

Pero es que, además, **no es necesario que tu blog sea el mejor de una categoría para que tenga éxito.** A lo mejor te has decidido a escribir sobre el interesante tema de la contabilidad financiera para empresas fabricantes de zapatos de señora con tacones de aguja y resulta que ya hay otros blogs que escriben sobre lo mismo. Para ti, esos blogs son muy superiores al tuyo porque tratan los temas con una profundidad que tú no llegas a alcanzar todavía. ¿Es eso un problema? ¿Vas a dejar de lanzar tu blog por eso? Pues sería un error muy grande.

Estoy seguro de que por ahí debe haber muchísimas empresas fabricantes de zapatos de señora con tacones de aguja, y para muchas de ellas el nivel avanzado de los otros blogs les echa para atrás. Quieren algo más sencillo. Más acorde para los recién llegados al mundillo de las empresas fabricantes de zapatos de señora con tacones de aguja. **Y ahí tienes tu nicho.**

Yo, por ejemplo, como sabréis, abrí hace poco un blog sobre cervezas y hamburguesas: Birra y Burger. Soy consciente de que hay por ahí otros blogs que hacen crítica de cervezas o de hamburguesas con mucha más profundidad de lo que lo hago yo en el mío. En Birra y Burger me gusta escribir posts cortos y fáciles de leer. Vamos, que alguien en pocos segundos pueda saber si la birra o la burger me ha gustado o no. Sin más.

Pues bien, en el poco tiempo que llevo con el blog me ha sorprendido mucho la buena acogida que ha tenido. Ya hay muchos lectores fieles y poco a poco se va incrementando los que lo van descubriendo por varios medios (redes sociales, Google, recomendaciones…).

Lo sé. Las críticas de mi blog no son las más completas, ni las más técnicas. Pero gusta y me gusta. Y yo me siento cómodo con él.

Por eso, no te obsesiones con superar a otros blogs de tu sector y tires la toalla si crees que no vas a poder hacerlo. **Lánzate**. Escribe. Como a ti te apetezca, como te sientas cómodo. Que **posiblemente te sorprendas con un éxito mayor que el que imaginabas.**

Cómo crear un título infalible para atraer lectores a tu blog

¿He conseguido que leas este post porque el título te ha creado una cierta curiosidad?

El título de un post es fundamental. De él depende en una parte grandísima el que tu post sea leído o no. Sufrimos tantos impactos informativos al día que es imposible que nos paremos a leer todo lo que se nos ponga delante de nuestros ojos. Tenemos que discriminar. ¿Cómo lo hacemos en el caso de los blogs? Básicamente, se puede decir que los hechos que nos hacen pararnos a leer un post son algunos de los siguientes:

1. Que el título sea **impactante**.

2. Que el tema que se anuncie en el título sea de **especial interés** para ti.

3. Que veas alguna **imagen** que destaque y te haga prestar atención sobre el post.

Como puedes ver, **dos de los tres principales motivos para pararte a leer un post tienen que ver con el título**. Y es que si el título no es impactante y además en él no describes claramente lo que cuentas en el post, es muy difícil que alguien vaya a leerlo (a parte, por supuesto de algún familiar y/o amigo despistado).

Supongo que si tú te has parado a leer este post es porque el tema del que se trata te interesa (tienes un blog y quieres conseguir que más gente lo lea) y además te has fijado en expresiones usadas en el título tales como *"cómo crear"* o *"infalible"*. Vamos, **expresiones que hacen que te pares a leer**, al menos, el principio del post. Si el título que hubiese utilizado en este post hubiese sido algo así como *"El título de los posts"*, estoy seguro de que el número de lectores habría sido menor.

Eso sí, te recomiendo que **no te pases**. A mí me gusta que me sorprendan de vez en cuando con títulos de este tipo pero huyo como de la mierda de aquellos blogs que se dedican a usar esas técnicas a todas horas, extralimitándose. Haciendo que muchas veces me sienta engañado por haber perdido el tiempo leyendo un post que no tiene nada que ver con el título. Esos blogs que en cada uno de los títulos de sus posts te prometen *"Los 10 consejos fundamentales…"*, *"Secretos para triunfar en…"* o *"Descubre cómo ganar dinero con…"*.

Los títulos tienen que describir el contenido del post resumiendo la principal idea en pocas palabras (una de las cosas más difíciles de los periodistas, por ejemplo, es saber crear un buen titular) pero no hay que pasarse usando en todo momento títulos impactantes que rocen la tomadura de pelo.

Y, no, este no es uno de esos blogs que da *"X consejos para…"* así que si es eso lo que necesitas para crear un buen título, te recomiendo que busques por otros blogs. Posts de esos los hay por todas partes.

El uso de imágenes en los posts de un blog

Imagen de Muha

Cuando uno empieza a escribir en un blog debería plantearse algunas cuestiones pero es muy corriente que no lo haga. Una de ellas es **si vamos a usar imágenes o no** y si lo vamos a hacer, ¿serán propias o ajenas?. Si uso fotos ajenas, ¿puedo usar cualquiera?

Las imágenes, al igual que otros contenidos como el texto o el vídeo, están protegidas por la Ley de Propiedad Intelectual. Esto quiere decir que **el autor de las imágenes es el que tiene todos los derechos sobre las mismas** y sólo se los cederá a quien decida y bajo las condiciones que él fije.

¿Quiere esto decir que antes de poner una imagen tengo que ponerme en contacto con el autor y pedir permiso?. No siempre es así. Hay ocasiones en las que el autor ya ha manifestado que sus fotos pueden ser utilizadas sin solicitar un permiso expreso. Para ello, las imágenes se han licenciado bajo Creative Commons o alguna licencia similar.

Por lo tanto, mi recomendación es clara: **si quieres usar alguna imagen para ilustrar un post de tu blog, busca una imagen con licencia libre** (hay muchos sitios donde hacerlo, incluso Google permite buscar imágenes con este tipo de licencia). Y, eso sí, **fíjate en los términos de la licencia.** La mayoría de las veces, aunque puedas hacer uso de la imagen, el autor te pide que le menciones. No cuesta nada hacerlo y así reconocemos el trabajo de una persona que te está aportando contenidos y, por lo tanto, que le está dando valor a tu blog.

¿Y si no se te ocurre sobre qué escribir en el blog?

Si te has abierto un blog hace poco y has estado mirando por ahí, seguro que has visto que uno de los consejos que más se repite (y con el que estoy muy de acuerdo, aunque no siempre predico con el ejemplo) es el de **que escribas en tu blog con cierta constancia**. Que la mejor manera de que el escribir en tu blog sea algo natural es **hacer de ello un hábito**. Y que el hábito se hace a base de escribir.

Esto que parece una pescadilla que se muerde la cola (para que no te cueste escribir tienes que habituarte a hacerlo, y para habituarte tienes que escribir), es algo fundamental.

Te voy a hacer una confesión: hoy ha sido uno de esos días en los que me he encontrado con *el síndrome de la hoja en blanco*. Vamos, que me he encontrado delante de mi panel de WordPress, sabiendo que tenía que escribir un post (por aquello de afianzar el hábito) pero sin tener nada claro de qué contar. **¿Qué hacer en un caso así?** Se me ocurren distintas opciones:

- **No escribir nada hoy y esperar a mañana**. Sí, muchas veces es mejor no escribir nada, antes que escribir algo forzado. Sin embargo, esto estaría en contra de ese consejo (*"escribe, maldito, escribe para crear un hábito"*). Por lo tanto, es una opción por la que se puede optar en alguna ocasión pero si la usas muchas veces, al final terminas abandonando el blog.

- **Darte una vuelta por los feeds a los que estés suscrito, por tu timeline de Twitter, las fotos de Instagram...** Vamos, ver qué es lo que se cuece por ahí. Seguro que sacas ideas para escribir a base de leer sobre qué están hablando tus contactos, o sobre qué se está escribiendo en aquellos otros blogs que te gustan.

- **Busca en tu propio blog.** ¿Qué posts han tenido más éxito de todos los que has escrito hasta ahora? De ahí puedes sacar una idea de qué es lo que más le gusta a la gente y luego podrás optar por escribir un nuevo post actualizando la información de alguno antiguo, profundizar más en algún tema que haya gustado, o escribir un post nuevo sobre algo relacionado con los posts más exitosos.

- Si tienes un blog personal, en el que no tienes que centrarte en una temática, **puedes experimentar**. Prueba a escribir en un formato con el que no hayas *jugado* todavía: humor, un relato, una entrevista a alguien que te parezca interesante...

- **¿Y si le preguntas directamente a tus lectores?** Algo que funciona muy bien es escribir un post explicando que quieres saber lo que opina tu comunidad para poder centrarte en esos temas y pidiendo que te digan en los comentarios de ese post (o por medio de las redes sociales) sobre qué quieren que escribas. Con esto matas dos pájaros de un tiro: ya has escrito un post hoy y además te dan ideas para los siguientes.

Y a vosotros, **¿se ocurren más sistema para decidir sobre qué escribir?**

La autocensura de los blogs

No sé si os ha pasado a vosotros (aquellos de mis lectores que tengan su propio blog) pero yo creo que me autocensuro actualmente más a la hora de escribir un post de lo que lo hacía en un primer momento.

Y es que, cuando uno empieza a escribir en un blog, da por hecho eso de que *no me va a leer nadie* y eso, quieras o no, te da una cierta libertad de expresión.

Pero cuando tu número de lectores va creciendo y excede el número de lo que a uno podría parecerle *poca gente*, te empiezas a preocupar (*"¿y si esto lo leen en mi trabajo?"*, *"¿y si lo lee alguien de mi familia?"*, *"¿y si se entera esa persona a la que estoy aludiendo en el post?"*).

Y luego llega el momento en el que tus sospechas se vuelven realidad. Alguien del trabajo te reconoce que lee tu blog (y le pareció *muy gracioso* ese vídeo en el que salías *haciendo tonterías*). Tu familia por fin (después de mucho tiempo diciéndoles que escribías en un blog) ha decidido leer tus posts y te los comenta, y hasta un vecino con el que nunca has hablado, te dice en el ascensor que está de acuerdo con lo que escribiste la semana pasada.

A partir de ese momento es inevitable pensar en todos esos lectores conocidos antes de escribir un nuevo post. *¿Y si mi jefe va a creer que escribo eso pensando en él?.* *¿Y si ese comentario jocoso va a ser mal interpretado por ese familiar con poco sentido del humor?.*

No sé, **creo que el ser leído por mucha gente puede llegar a que nos autocensuremos**. Yo intento que no sea así pero, ¿realmente lo consigo?.

Publicar en el blog en fin de semana

Imagen de <u>Veronica Belmont</u>

Los fines de semana, al igual que los periodos festivos (<u>verano</u>, Navidades, Semana Santa...) suelen ser momentos en los que baja el tráfico de los blogs. Los lectores tienen muchas más opciones de ocio en fin de semana y, por lo tanto, lo de estar delante de una pantalla leyendo posts no es tan frecuente.

Es por eso que muchos bloggers tienen por costumbre no publicar en fin de semana. ¿Es acertado eso? **¿Debemos concentrar nuestros esfuerzos editoriales en días no festivos?**

Pues no hay una respuesta que valga por igual para todos los blogs. Hay varios factores a tener en cuenta y, posiblemente, el principal sea la temática de tu blog. Si tu blog trata temas de ocio como, por ejemplo, rutas de senderismo o películas de estreno, es muy probable que tu tráfico aumente los fines de semana dado que es en ese momento principalmente cuando la gente busca información sobre esos temas. Pero si tu blog trata, por ejemplo, sobre actualidad de la bolsa, posiblemente se consulte más de lunes a viernes.

En casos similares a los que he puesto como ejemplo, está muy claro si debes publicar o no en fin de semana. Pero si la temática de tu blog no depende tanto del día de la semana (o no tienes una temática fija definida) entonces te seguirá surgiendo la duda. ¿Debes publicar los sábados y/o domingos o hacerlo sólo entre semana?

Pues, no, no te voy a dar una respuesta definitiva (lo siento, esto no es como las matemáticas). Lo que te voy a decir es simplemente **que pruebes**. Si no pruebas a publicar en fin de semana no sabrás si realmente tienes lectores. Si realmente te funciona a ti.

Y es que, aunque en fin de semana se lee menos online, también se publica mucho menos. Y eso puede ser **una oportunidad para tu blog.** Si la mayoría de los blogs no publican nada en fin de semana y tú sí que lo haces, aunque haya menos lectores tu contenido va a tener una mayor visibilidad en sus pantallas. Mucho más que entre semana, donde tu contenido muchas veces pasa inadvertido entre tantos y tantos posts de todos los blogs.

Además, ten en cuenta que publicar en fin de semana no quiere decir que te lean en fin de semana. Puede que los lectores de fin de semana sean unos y los que leen ese mismo contenido de lunes a viernes sean otros. En ese caso, publica en fin de semana para captar a esos primeros lectores, y el lunes promociona lo que hayas publicado usando las redes sociales para atraer la atención de los segundos.

Me gustaría mucho que, si tenéis blog, me contaseis vuestra experiencia. **¿Soléis publicar en fin de semana? ¿Habéis comprobado si os funciona bien o mal?**

Y, sí, este post está escrito y publicado en domingo. Ya veremos cómo va.

El descanso del blogger

Hoy he vuelto a trabajar tras mis vacaciones de verano. Y hoy, también, vuelvo a escribir en este blog tras un mes de agosto y un principio de septiembre en donde no había escrito nada más que un par de posts.

Sí, se puede decir que también me he tomado unas vacaciones en el blog y que hoy retomo la labor de blogger (o bloguero, como le gusta decir a algunos, aunque a mí me suene raro).

Porque… **¿eso de escribir en un blog es una labor que requiere de descansos como cualquier otro trabajo?** ¿O, por el contrario, debe ser un hobby y, por lo tanto, no tiene sentido lo de *tener que descansar*?

La verdad es que no lo tengo claro. Es un hecho que durante el verano se escribe muchos menos posts. Algunos aducen que bajan el ritmo porque hay menos lectores (está constatado que en julio y agosto baja el tráfico de la gran mayoría de los blogs). No es mi caso, si dejo de escribir en verano no es porque me vaya a leer menos gente. Y tampoco creo que sea porque necesite un descanso.

En mi caso, al menos, el dejar de escribir (o escribir menos) en verano, al igual que ocurre los fines de semana, se debe al **cambio de rutina diaria** que se produce en esos días de vacaciones.

En un día normal de trabajo tengo planificadas casi todas las horas del día y me es muy sencillo saber cuándo voy a poder escribir. Sin embargo, cuando estoy de vacaciones, la planificación brilla por su ausencia (¿no es eso lo bueno de las vacaciones?) y suele ocurrir que finaliza el día sin que haya encontrado un momento ideal para escribir.

Por eso, tras la finalización de mis vacaciones, seguro que vais a encontraros con muchos más posts en este blog.

Pero, me interesa vuestra opinión. Si tenéis un blog, ¿paráis en vacaciones y/o los fines de semana? Y, si es así, ¿cuál es el motivo? Y si no tenéis un blog pero os gusta leer algunos, ¿bajáis el ritmo de lectura en vacaciones u os ocurre lo contrario?

¿El microblogging hace que se lea menos blogs?

En la blogosfera (y aledaños) hay varios temas recurrentes. Temas que salen a la palestra de vez en cuando y que dan para unas cuantas conversaciones (e, incluso, discusiones). Uno de ellos es el de **la canibalización de la blogosfera por parte de los microblogs** (Twitter y similares).

¿Se escribe menos blogs por culpa de Twitter? ¿Se lee menos blogs? ¿Llegará el microblogging a sustituir totalmente a los blogs?

Os voy a dar mi opinión al respecto aunque estoy seguro de que habrá opiniones para todos los gustos y os invito a que las compartáis en los comentarios de este post o, ¿cómo no?, en Twitter.

Yo creo que, efectivamente, **se escribe menos en los blogs por "culpa" de Twitter, Facebook y similares**. A mí mismo me pasa: si tengo que expresar una idea sencilla y veo que puedo condensarla en menos de 140 caracteres, la suelto en Twitter y ni siquiera me planteo escribir un post al respecto. Sin embargo, antes posiblemente sí que me plantearía desarrollar esa idea en el blog. Y, por lo que he hablado con otros bloggers, creo que mi caso es bastante habitual.

Por ello, **creo que puede llegar a desaparecer algún blog:** los basados exclusivamente en ideas sencillas que pueden exponerse de manera más rápida por Twitter. Pero **sobrevivirán aquellos con contenidos más elaborados.** El contar las cosas en 140 caracteres es una opción que algunos verán como suficiente pero con la que otros no nos conformaremos.

Esto desde el punto de vista del creador de contenidos. Pero, ¿y desde el punto de vista del consumidor de los mismos? ¿Se dejará de leer blogs y se sustituirá por el consumo *fast food* del microblogging?

Yo creo que se conseguirá una distinción clara entre los contenidos de *consumo rápido* y los de *consumo reposado*. Es decir, al igual que la gente se compra el periódico el domingo para leerlo con calma mientras que entre semana lee las noticias en la web, **habrá consumo de microblogging y consumo de blogs**. Ambos consumos son complementarios y cada uno tendrá que elegir cuándo y cómo los lleva a cabo. Hay que tener en cuenta que, además, **herramientas como Twitter pueden ser magníficas para descubrir enlaces a posts en blogs que de otra manera no llegaríamos a leer.**

Por lo tanto, mi predicción es que se creará menos contenido en los blogs pero de más calidad. En cuanto al consumo, no creo que descienda pero sí que seremos más selectivos y nos ayudaremos del microblogging para descubrir contenidos más interesantes.

¿Qué opináis vosotros? Me interesan todos los puntos de vista: los del lector y los del blogger.

Consigue tráfico en tu blog sin publicar nada nuevo

Imagen de Geek&Poke

Si buscas por ahí, seguro que te encontrarás con consejos que te indican que, **para mantener y/o incrementar el tráfico de tu blog tienes que escribir en él con cierta constancia.**

No seré yo el que diga que eso es falso, aunque me voy a permitir matizarlo. Y es que la afirmación es cierta... excepto cuando ya tienes un blog con muchos contenidos creados a lo largo del tiempo. En ese caso, **puedes mantener el tráfico (o incluso incrementarlo) sin necesidad de escribir posts nuevos.** ¿Cómo? Muy sencillo: desempolvando posts antiguos y dándolos a conocer.

Si el blog ya tiene muchos contenidos, el tráfico que obtienes es, fundamentalmente, de dos tipos:

1. El que proviene de buscadores porque tu blog está muy bien posicionado (o lo está/n alguno/s post/s).

2. El que se produce (en forma de pico) cada vez que publicas un post nuevo debido a que la gente va a leer *lo nuevo*.

El primer tipo de tráfico no bajará bruscamente si dejas de publicar y el segundo lo puedes sustituir, sin publicar nada nuevo, **volviendo a sacar a la luz posts de hace tiempo.**

Os pongo el ejemplo de <u>este mismo blog</u>. En más de un mes no he escrito nada más que un post (que, todo hay que decirlo, no me curré mucho porque en él me limité a copiar <u>el programa de las Fallas de Valencia 2013</u>). Si este hubiese sido un blog nuevo, evidentemente mi tráfico habría ido cayendo día a día. Pero no ha sido así. He conseguido mantener el mismo nivel de tráfico que cuando escribía con cierta periodicidad. Y algunos días lo he superado.

¿Cómo lo he hecho? ¿Me ha costado mucho? Pues, sinceramente, **no me ha llevado más de 2-3 minutos al día**. Me he limitado a buscar algún post antiguo cuyo contenido me pareciese que seguía vigente y lo he publicado en Twitter y Facebook. Sin más. Uno al día. Con eso he conseguido que la gente se vuelva a interesar por posts ya olvidados y que este interés aporte un tráfico extra que se sume al fijo que llega de buscadores. Además, se han reavivado algunas interesantes conversaciones (en los comentarios, Twitter y Facebook) sobre los temas de esos posts.

Pero, claro, para eso tienes que tener en cuenta varias cosas:

1. **Tienes que tener muchos posts ya publicados** para poder elegir uno al día.

2. Los posts que elijas tienen que tener **un contenido que no se haya pasado de moda.**

3. Es suficiente con anunciar los posts **una vez al día** en Twitter y Facebook siempre que elijas una hora en la que la mayoría de tus seguidores están ahí. Tampoco pasaría nada con anunciarlo un par de veces al día en horas muy separadas. Pero no te pases. Más de dos veces es abusar.

Y que conste que con esto **no os estoy animando a que dejéis de publicar en vuestro blog**. En absoluto. Pero sí que creo que puede ser algo a tener en cuenta en aquellas temporadas en las que no puedes publicar nada nuevo por lo que sea (vacaciones, falta de tiempo, de motivación…)

No es suficiente con que tu web sea responsive. Mobile first

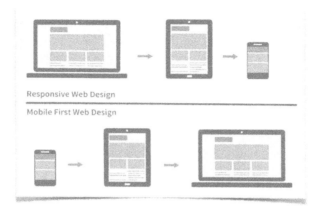

Supongo que no hace falta que os recuerde que <u>Google anunció hace ya tiempo que a partir de mañana (21 de abril de 2015), va a penalizar en su buscador a aquellas webs que no estén adaptadas a móviles</u>. Vamos, que **si tu web no es responsive y no has hecho nada por que lo sea, a partir de mañana te vas a pegar una buena leche.**

Vale, ya lo sabías, ¿verdad? Tienes un blog en WordPress (por ejemplo) y te has preocupado de comprobar que tu plantilla (o theme) sea responsive. Y si no lo era, las has cambiado por una nueva plantilla responsive. Incluso, te has molestado en consultar tu web desde distintos dispositivos para comprobar que, efectivamente, se vea bien desde cualquier tipo de pantalla. Ya estás listo para que Google no se cebe contigo, ¿verdad? Ya puedes despreocuparte de este tema mientras mantengas esa plantilla…. **¡PUES NO!**

Son muchos los que trabajan de esa manera. Crean una web con una plantilla responsive, comprueban que se ve bien en el móvil, y se olvidan. Luego, más adelante, añaden un bonito popup anunciando su lista de correo, incluyen un plugin que crea un formulario de contacto, añaden un banner publicitario… y se olvidan de comprobar cómo se ve ese cambio en móviles. Luego pasa lo que pasa.

Últimamente me estoy encontrando muchas webs supuestamente preparadas para verse en dispositivos móviles en las que, cuando llevas un rato leyendo, aparece un popup que tapa toda la pantalla y que no hay manera de ocultar porque el botón para hacerlo se sale del área visible. Y os aseguro que cosas así las estoy viendo en webs de algunas grandes empresas.

La filosofía mobile first está cada vez más extendida en el diseño de webs. Según esta metodología, en vez de diseñar una web para que se vea bien en la pantalla de un ordenador y adaptarla luego para pantallas de dispositivos móviles, se realiza el diseño desde el principio pensando en pantallas pequeñas y, luego, cuando la web ya está diseñada para estos dispositivos, se adapta a pantallas grandes.

Pues bien, **esta filosofía del mobile first deberíamos tenerla en cuenta todos los que tenemos una web**. Es decir, cada vez que hagas un cambio, por pequeño que sea, mira primero si afecta o no a cómo se ve en dispositivos móviles. Y luego ya comprobarás cómo se ve en ordenadores. Pero, sin duda, **primero en móviles**.

Y si piensas que estoy exagerando, y que el tráfico móvil no es tan importante, échale un vistazo a tu Analytics. Aquí, por ejemplo, te dejo una captura que corresponde al tráfico de este blog.

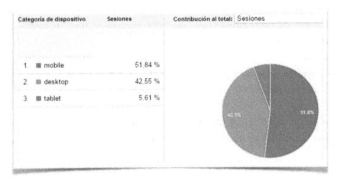

El 51,84 % del tráfico llega de móviles y el 5,61 % de tablets. Sólo el 42,55 % llega de ordenadores.

¿Es o no es importante cuidar que nuestra web se vea bien en pantallas pequeñas?

No abandones tu blog

En repetidas ocasiones os he recomendado que escribáis vuestro propio blog. Os he dado motivos para hacerlo pero a lo mejor no he insistido mucho en algo que me parece fundamental... **¡no lo abandonéis!**

Si me descuido pasa un mes sin escribir ni una sola palabra en este blog. Mañana hará un mes que escribí el último post. **¡Menudo ejemplo!** ¿Y soy yo el que os doy consejos por aquí? ¿Y tengo la caradura de venir a deciros que no abandonéis vuestro blog? Pues sí. Precisamente porque me gusta escribir sobre lo que conozco, os puedo decir que **no debéis dejar que pase mucho tiempo sin escribir en el blog.**

Plantéate **cada cuánto tiempo puedes escribir**: una vez al día, dos veces a la semana, cada dos semanas... Lo que puedas. **Sé realista.** No te pongas una meta que no puedas alcanzar. A todos nos gustaría poder actualizar nuestro blog varias veces al día pero, a no ser que hayas conseguido vivir de ello (en cuyo caso, ya me contarás cómo lo haces), eso es algo casi imposible de conseguir. O, al menos, imposible de conseguir de manera regular. Porque, sí, todos tenemos temporadas con más tiempo libre en las cuales podemos dedicar más horas a nuestras aficiones, a lo que más nos gusta. Y si escribir en tu blog está entre esas aficiones, podrás escribir varios posts al día. Pero, ¿qué va a pasar cuando pase ese periodo de vacaciones, cuando vuelvas a tener unas obligaciones que te dejen menos tiempo libre? Pues que dejarás de escribir tanto y, al no poder alcanzar las irreales expectativas que te habías planteados, te desilusionarás.

Por eso, sé realista. ¿Cuál es la frecuencia de publicación que puedes asumir con regularidad?

Pues bien, cuando lo tengas claro, intenta cumplir con esa frecuencia, con ese **compromiso contigo mismo**. Si no lo haces, si vas dejando pasar el tiempo sin publicar, te pasará lo que me ha pasado a mí en el último mes: cada día te costará un poco más ponerte a escribir. Cada día lo verás más difícil. Al principio te remorderá la conciencia pero, poco a poco, ya ni si quiera pensarás en el blog.

¿Y es eso malo? Yo creo que sí. Por supuesto que no va a pasar nada porque muera un blog más (lo hacen muchísimos cada día). Pero estarás demostrándote a ti mismo que no eres capaz de organizarte, de plantearte retos asumibles, de cumplir aquellas cosas que te prometes a ti mismo.

Y, sinceramente, a mí no me apetece nada eso. **No quiero decepcionarme a mí mismo.**

Así que, hazme caso: **no abandones tu blog.**

Epílogo

Muchas gracias por haber llegado hasta aquí. Por haber leído los 15 artículos que te he propuesto para animarte a escribir en un blog y tener éxito con él.

Si te ha parecido interesante, te voy a pedir dos favores:

1. Pon en práctica lo que has leído o la inspiración que te haya podido transmitir y empieza a escribir en tu blog desde hoy mismo. No esperes ni un día. Quiero que lo hagas y que me presentes tu blog. Búscame por lugares como Twitter o Facebook, o déjame un comentario en la sección de contacto de mi blog.

2. Si quieres acceder a lecturas similares, te invito a que te pases por mi blog o, mejor todavía, a que me dejes tu nombre y correo electrónico para que te pueda mandar a tu buzón un correo cada vez que escriba un artículo nuevo.

3. Pero, sobretodo, no pierdas jamás la ilusión por los blogs, una herramienta de comunicación que te permite hacerle ver a gente de todo el mundo lo que piensas, lo que sabes, lo que te divierte… **¡Vivan los blogs!**

www.ingramcontent.com/pod-product-compliance
Lightning Source LLC
Chambersburg PA
CBHW071034050326
40689CB00014B/3652